光と苔のテラリウム

日本文芸社

ダイニングテーブルのまわりで。

ガラス器の中をのぞき込む。

自分の時間を過ごす場所。

植物と一緒に過ごす時間。

イン・ザ・シェルフ。

THE GARDEN

FEEL THE

CONTENTS

光と苔のテラリウム

Terrariums in this Book

この本で紹介するテラリウム

work 03

work 04

work 05

work 08

work 09

work 10

work 13

work 14

work 15

work 18

work 19

work 20

はじめに

テラリウムを作り楽しむことは、植物や石に触れ、それらを包む土を感じることともいえます。
たとえ些細な石や植物でも、その配置や組み合わせによってたちまち光彩を放つ瞬間があります。
その瞬間を見たときの喜びはまさに無類のものです。

ひとすじの砂は清涼な渓流の流れを表し、一塊の岩はガラス容器の中に潮風の通う入江を作り、
苔は岩肌に歳月を感じさせます。小さな苗木や平凡な石でも、ガラス容器の中でその魅力を最大限に
引き出せる場所に配置すれば、その風景に必要不可欠な存在感を示すものです。
小さな苗木も大木の姿に変わり、小石も霧立ち込める山の奥の巨石となります。
ひと盛りの土は見る人の心に雄大な山を感じさせ、ひと握りの砂は渓谷の流れを思わせます。
苔もまた、木の根に千年の歴史を感じさせ、山肌に這って大森林の風景を作り出します。
それはまさしく自然の成せる業であり、その真理を汲み取ることができたとき、
それは忙しい現代に暮らす人々にとってこの上ない心の幸せだと思います。

道端の花がひそかに咲いて、やがては色あせて萎びていくように、
私たちの生活にもいつかは終わりが来るのですが、その限りある日々の暮らしの中にこそ身近な楽しみ、
喜びをもち、心豊かな生活を送りたいと考えています。
せわしなく、そして緊張の続く現代の暮しのなかで、
情緒豊かな、心のなごむ感覚を実感できることがあるとすれば、まさしく楽しい憩いのひとときとなります。

だれでも、その心の奥底には、自然をふと懐かしむ心情がひそんでいると思います。
自然と親しむとき私たちの心は安らぎ、幸せを感じるのだと思います。
都会で暮らす人々の人生がより心豊かに充実したものになるように、植物のある生活を提案する——。
これが、私が運営する《Feel The Garden》の使命であり、私の努力目標です。

テラリウムという手法を通して自然を身近に感じていただくために、本書を執筆しました。
忙しい日常の中で、ほっと心を緩められる時間が届くように願っています。

川本 毅

What's a Terrarium?
テラリウムとは?

[進化]

テラリウムとは、密閉したガラス容器の中で植物を育てる技術のこと。さらに、《Feel The Garden》では、ガラス容器の中に自然の風景の縮図を表現する技法を「ランドスケープテラリウム」として、日々その表現を追究しています。

植物育成用LEDライトと、用土の進化によって、より簡単にテラリウムを楽しめるようになりました。この本で紹介するテラリウムは、「植物を簡単に世話できる生態系」です。

[歴史]

1829年、イギリスの医師であり園芸家のナサニエル・ウォードが、ガラスで密閉した容器の中では何日も水を与えなくても植物が育つことを発見しました(ウォードの箱)。

当時、船の甲板の上で何カ月も雨風にさらされる植物を生きたまま運ぶことは難しかったのですが、テラリウムに入れることによってそれが可能になりました。これによって、植物の研究が一気に盛んになり、ヨーロッパではテラリウムに入れて植物を室内に飾るという流行が生まれました。

What’s the Moss?
苔という植物

[分類]

苔は、植物分類学によると「蘚苔類」とよばれる植物です。以降、この蘚苔類のことを「苔」あるいは「苔植物」とよんで解説します。

そして、苔植物は「蘚類」「苔類」「ツノゴケ類」の3つに分類されています。日本で生育している蘚苔類約1,700種類のうち、蘚類が約1,000種類、苔類が約600種類、ツノゴケ類が約20種類といわれます。

[環境]

苔植物は、世界に約18,000種類、日本に約1,700種類が存在しています。日本の国土は地球の約0.25%の面積しかないにもかかわらず、世界の苔植物の約10%があるということは、日本は苔に富んだ国といえます。

この理由は、日本には北海道から沖縄まで、国土の中で気候の差があり、そのすべてが海に囲まれていて、海風によって湿度が高いことにあります。

苔の名所といわれる場所から人工的に作られる苔庭のような風景、町中のアスファルトやブロック塀の隙間に生える苔まで、さまざまな場所で見られる苔ですが、大きな特徴を持った植物です。次に、その特徴を紹介します。

特徴 1 光合成をする

苔の葉の色は緑色で、細胞の中に葉緑体を持ち、光合成をして自らエネルギーを作り出すことができます。したがって、光合成ができるだけの光量がなければ育ちません。

特徴 2 胞子とクローンの2通りで増える

胞子で増える有性生殖だけではなく、自身の体の一部を分離させてクローンとして増える無性生殖を行います。これによって素早く自分の仲間を増やしていくことができます。

特徴 3 根がない

苔植物には、土壌から栄養分を吸い上げたり、体を安定させる役割を果たす根がありません。その代わり、体を地面にくくりつける、アンカーのような機能を持つ仮根(かこん)という器官があります。

特徴 4 維管束がない

ほかの植物(種子植物やシダ植物)には「維管束」という器官があり、根から吸収した水分や養分を全身に送っていますが、苔植物は維管束を持っていません。葉

苔の3つのグループ

苔植物は、次の3つのグループに分類されています。

蘚類《せんるい》

苔庭に使用されるスナゴケやスギゴケ、盆栽に使用されるアラハシラガゴケやホソバオキナゴケ、テラリウムに使用されるヒノキゴケやコウヤノマンネングサなど、園芸に多く使われます。

苔類《たいるい》

ゼニゴケやジャゴケなど、テラリウムでは生育を楽しむことができますが、残念ながら、庭では嫌われ者になりがちな種類。盆栽などでは鉢の中に発生すると、駆除の対象となってしまうことも。

ツノゴケ類

胞子が出る器官である蒴がツノ状に発生する種類。日本には約20種類しか生育していません。ツノが出ていなければ見つけるのも困難です。

や茎の細胞が水分・養分を直接吸収しています。一番端の細胞から順に、バケツリレーのような手順で全身に水分・養分を輸送しています。

特徴5 生命活動を休止・再開する

植物は、人間はおろか恐竜が誕生するよりはるか以前、今からおよそ4億7000年前に海中から陸に上がり、長い年月をかけて環境に適応して進化してきました。たとえば、荒野に生きるサボテン（被子植物）は、幹を固くしたり、葉を細くしたり、根を地中深くまで伸ばすことで、水分の蒸散を防ぎながら、より多くの水分を得られるよう

苔植物のつくり

苔植物は根がなく、仮根《かこん》で体を固定しています。

苔類《たいるい》

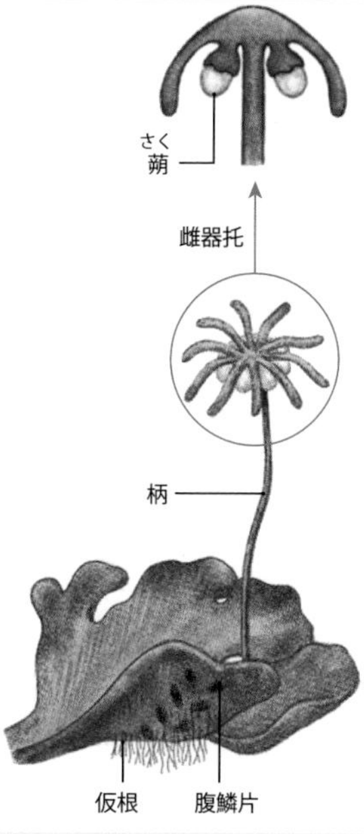

蘚類《せんるい》

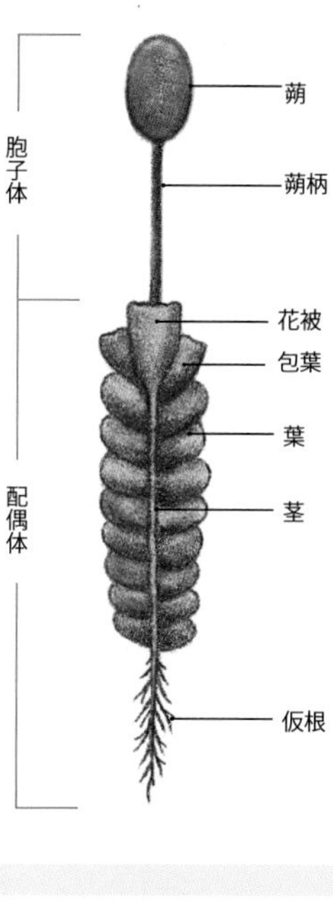

に進化し、生命を維持してきたのです。

ところが、苔植物は葉がとても薄く、乾燥に耐える機能を持っていないため、周囲の環境が乾燥すると、体内からどんどん水分が蒸散してしまいます。ほかの植物なら枯れて死んでしまいますが、苔植物は休眠し、雨などで水分が補われると生命活動を再開。生命活動の休止と再開を行ったり来たりできるのが特徴です。60年前の植物標本の苔に水を与えたところ、生命活動を再開したという記録があるほどです。

苔植物は、環境に合わせて自身を変えるのではなく、自分に合った環境になったら活動するという生存戦略を持っているといえます。

特徴6 抗菌作用を持つ

多くの苔植物からは、抗菌作用のある物質（ポリフェノール系の物質／植物だけが産生しうる化学物質の一種）が抽出されます。この物質には病原性カビ類の成長を阻害する機能があります。そのため苔植物は腐りにくく、苔植物の生育する周辺の環境はカビが発生しにくいのです。

この抗菌力の高さを生かして1800年代のヨーロッパでは脱脂綿や包帯の代替として苔植物を利用してきました。日本では、装身具や建物の隙間を埋める素材として使用されたこともあります。

苔とほかの植物との違い

根や維管束がない苔は、水分や養分を葉や茎から直接吸収します。

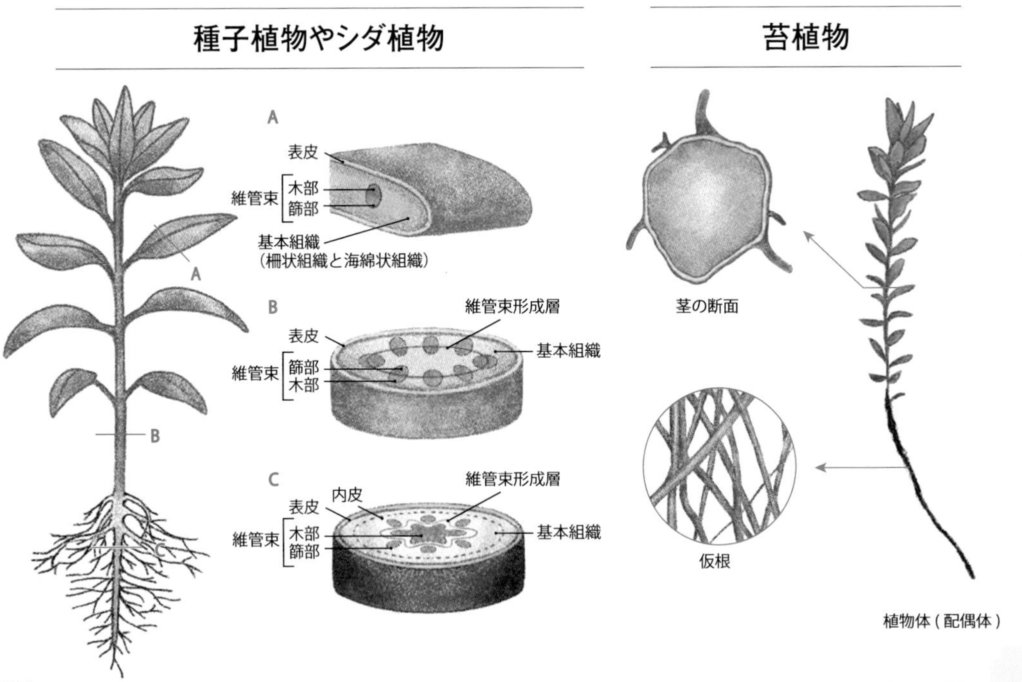

写真は、苔と一緒にテラリウムで育成できる植物の例。左上から順に、トキワシノブ、プテリス・ムルチフィダ、コケモモ・イタビ。左下から順に、ハクチョウゲ、クッションモス、タマシダ・ダッフィー

Plants for Terrarium
テラリウムで育てやすい植物

苔の6つの特徴を紹介してきました。
では、その苔と一緒にテラリウムの中で育てやすい植物は?

特殊な環境に合った植物なら長期的に育成できる

すでに紹介したように、ガラスの容器の中ではさまざまな植物を育てることができます。しかし、19世紀にイギリスでウォードの箱が誕生した当時と現代では、テラリウムに対するニーズが違います。

誕生当時は、数カ月かかる運搬の期間さえ植物を枯らさなければよかったのかもしれませんが、今日、テラリウムを楽しみたいと考える人の多くは、その中で長期的に植物を育てていきたいにちがいありません。

テラリウムは鉢植えや地植えと違い、植物にとってはかなり特殊な環境となるため、それに合ったものでなければ長期的な育成は困難です。

現在、私がテラリウムの中で苔とともに長期的に育成可能と確認しているものは、下の図にある3つのカテゴリーの植物の一部です。

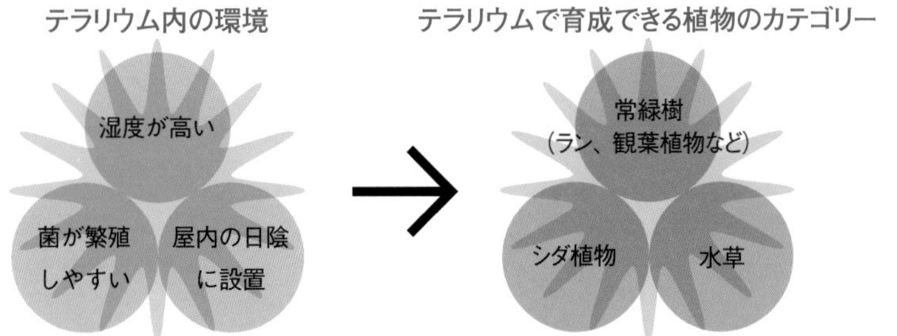

Soils for Terrarium

テラリウムに合った用土

ガラス容器内という環境で苔などの植物を育てるのに
ふさわしい用土を選びましょう。

清潔な用土を選び、なるべく微塵をなくす

どの植物をどんな容器に入れるかで使用する用土は変わってきますが、すべてに共通しているのは、菌が増殖しにくく清潔なものを選ぶこと。

また、ガラス容器では側面から土の下の部分も見えるため、鉢植えでは気にならない細かい粒も底に溜まると美しくありません、細かい微塵が多い場合には、製菓用のフルイなどを使用してふるい落とします。

基本の用土

焼成赤玉土5、富士砂1、燻炭1を混合した、幅広い植物に使用できる用土です。

焼成赤玉土　5

赤玉土を高温で焼き固め、硬度を高くした土。焼成の工程で土に含まれていた菌などが排除されている。「細粒」のような表記がある、できるだけ細かいものを使用。

富士砂　1

一般に庭園資材として使用され、黒色が美しい砂。溶岩が固まった溶岩石が長い年月を経て崩れ、砂に。水の腐敗を防ぎ、植物の根を守るために使用。

燻炭　1

もみ殻燻炭を使用する。炭の効果でラン藻などの藻類の発生を抑えるために使用。

5層構造の用土

**4種類の用土を使用して地層を表現し、
植物を植えて5層構造を作ります。**

苔などの植物

樹皮培養土

杉や桧などの針葉樹の樹皮を粉砕加工し、発酵をさせずに粉砕しただけのバーク。分解速度がゆるやかで、臭いもほぼなく室内園芸に適している。植物を植える土として使用。

乾燥ミズゴケ

ランの栽培などでは、根から菌の侵入を防ぐために使用されたりするほど抗菌性が高い。玉砂利までのベースの層と上に積まれる土の層を分ける、フィルターの役割で使用。

玉砂利

テラリウムのベースを作る。容器のサイズに合わせて、細かい粒から小石の大きさのものまでを調整して使用。

珪酸塩白土

土壌改良に使用される用土。土中で菌の発生を抑え、不純物を吸着するなどの効果がある。容器内を清浄に保つために使用。

パルダリウム&アクアリウム用ソイル

テラリウムの進化のひとつとして、アクアリウム用のソイルの発展があります。それまで、アクアリウムの底面は砂で作られることが一般的でしたが、保肥力がなく、水草を健康に育てることができませんでした。

土を高温で焼き固め、肥料分を添加したソイルの使用が広がったことで、水草をメインに楽しむ水草水槽（アクアリウム）が発達しました。このアクアリウム用ソイルが、近年パルダリウム（湿地を再現した水槽）用ソイルとして、水を溜めない使い方に合わせてさらに改良されています。

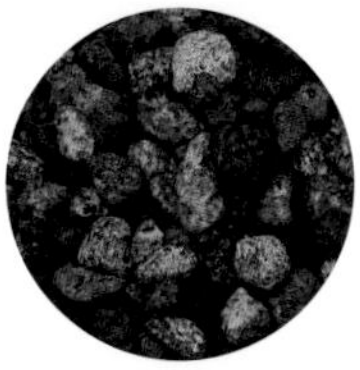

パルダリウム用ベース

パルダリウムなどで、水が停滞しやすい水槽底部に敷く底床素材。軽石をベースに、植物の生育に有効な土壌微生物や木炭粉を配合しているため、底床内の通気性を維持し、植物の根腐れを防止。

パルダリウム用ソイル

パルダリウムなどでの植物育成に適した底床素材。天然黒土をベースに植物の生育に有効な土壌微生物や無煙炭を配合しているため、植物の根張りがよく、健康に育つ。

Which Container?
容器の選び方

容器選びの3つのポイント

テラリウムにはさまざまな容器を使用することができますが、選ぶときのポイントが3つあります。園芸用品店や食器店など、いろいろな場所でこのポイントに合った容器を探してみてください。

point 1 ｜本体が透明

中の植物が見えやすい・見えにくいということもありますが、着色された容器は太陽光をカットしてしまいます。植物が光合成できない状態にならないためにも、透明度が高く無色の容器が適しています。

point 2 ｜フタが透明

フタが缶やコルクの容器を使用すると、植物を鑑賞するときに上から光が入らないため、暗い印象になりがちです。

point 3 ｜素材がガラス

ガラスの熱伝導率は木に近く外気の影響を受けにくい素材であり、ペットボトルやプラスチックと比較して温度変化に強い作品になります。

3つのポイントを押さえたうえで、使用する植物に対して適した容器、用土を組み合わせていくことによって、さまざまなテラリウムが作れます。容器を［密閉型］［半開放型］［開放型］の3つに分類して、特徴を説明していきます。

密閉型

薬びんやゴムパッキンのついたジャーなど、
外気の流入がない容器

［使える植物の例］→ 苔植物（→P90）　水草

メリットとデメリット

○

●密閉するために水分の蒸発が抑えられ、水やり不要のテラリウムができる。

●菌の侵入がないため、作製当初に不純物の混入を抑えられれば、カビなどが発生しにくい。

△

●外側から空気の供給が断たれるため、低二酸化炭素状態になることで、植物の自然な形状から変わる場合がある。

●蒸散した水蒸気がガラス側面につき、結露しやすいため、内部の水分量の調整が必要。

●活発な光合成はさせずに育てる必要があるため、部屋の奥の方など、明るすぎない場所に置く必要がある。

手入れにかかる手間が最少

手入れにかかる手間がなく、数年間そのまま放置してしまっても問題なく育つテラリウムが作製できますが、使える植物の種類が限られ、作製するときにも異物を混入させない気配りが必要になります。

半開放型

軽く乗っているだけのフタを使っていたり、
スペーサーでフタと本体に隙間を設けるなどして、
外気の流入がある容器

［使える植物の例］→ 苔植物（→P90） シダ植物　常緑樹　水草

メリットとデメリット

○

- 外気の流入があり、二酸化炭素の供給があるため、自然な形で植物の育成が可能。
- 湿度を低く抑えられるため、結露しにくい。
- 幅広い種類の植物が育成できる。

△

- フタの隙間から水分が抜けていくため、数週間～1カ月に1度程度の水やりが必要。
- 乾燥に弱い種類の植物は、葉先などに乾燥によるダメージが出る可能性がある。

幅広い植物に
対応できる

幅広い植物を育てることができる、テラリウムの基本形。手入れの手間もそれほど多くならないので、手間×植物鑑賞の満足度のバランスがよいテラリウムを作りやすい容器といえます。

密閉度の高い容器を半開放型として使用する方法

100円ショップでも売っている市販のクッション材を本体の開口部に貼ることで、フタと本体に隙間が作れます。

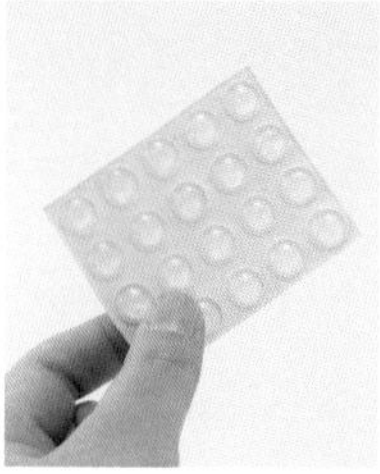

透明のクッション材を使用

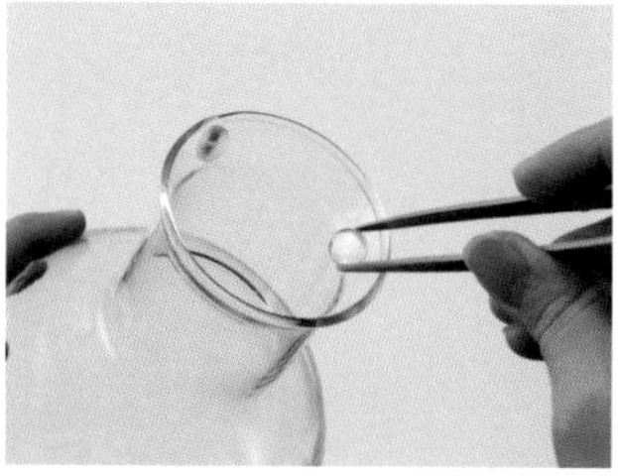

ピンセットなどで貼っていく

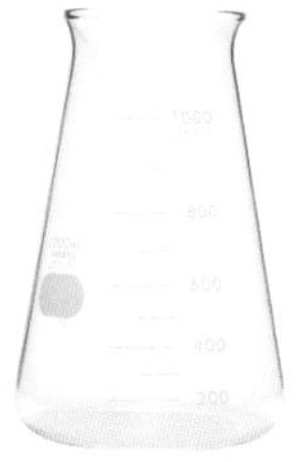

開放型

**金魚鉢のようなラウンド型の形状で、
フタはなくても中に湿度を保てる構造の容器**

［使える植物の例］→ 苔植物（→P90）　シダ植物　常緑樹

メリットとデメリット

○

●フタがない形式のため、鉢植えに近い感覚で作成が可能。

●ほかの種類の容器よりも明るい場所に置くことができ、強い光が必要な幅広い種類の植物を使用できる。

●葉が外に飛び出している木と、その幹の下を覆う苔のような、ダイナミックな構図の作品が作製できる。

△

●乾燥に弱い苔植物などを使用した場合には、毎日水やりをするなど、手入れに手間が伴う。

●水やりの頻度が高くなるため、霧吹きを使うと、水の中のカルキ成分などが固着してガラス側面にウロコができる。その場合、浄水器を通した水などを使用すれば抑えられる。コストはかかるが、蒸留水や軟水を使用することによって解消する。

工夫をして デメリットを解消

水やりの手間は、テラリウムごと別のガラス容器に入れてしまうなどの工夫で、ある程度減らせます。霧吹きでの水やりをするときは、蒸留水や軟水を使用しましょう。

強い光を必要とする植物をテラリウムで育成する場合には、この開放型を選択することになります。それぞれの植物によって手入れの方法は異なりますが、特性が同じ植物を一緒に植えることによって、調和のとれた作品にすることができます。

Making a Scene
情景を作る材料

テラリウムという空間の中で、ある情景を作り出すには、
いくつかの部品を活用します。

砂

左から、富士砂、日光砂、日向砂、寒水砂

容器の中に清流の流れや浜辺、森の奥へと誘う小道を作り出すときに、砂を使用します。推奨できるのは、写真の砂のほか、蝦夷砂、軽石、アクアリウム用の底砂など。

園芸資材であり、菌や有機肥料分のない素材や、アクアリウム用の砂を使用します。生育上の悪影響が発生しないように、菌が増えることがない、不純物を含まない素材を選ばなければなりません。

アクアリウム用の素材は、生体に影響がないように準備されているものが多く、テラリウムにも安心して使えます。

石

石を配置することによって、さまざまな風景を作り出せます。ふさわしいのは、気孔石、紅木化石、溶岩石、アクアリウム用の石など。道端の小石も使えますが、盆栽用やアクアリウム用の石は、小さくても造形のおもしろいものがあり、使用することで作風に広がりが出ます。

石をピンに固定すると、テラリウムがほぼ仕上がったあとでも、用土に挿して使える。風景の印象を簡単に変えられるので便利。石にピンを固定する場合には、グルーガンでは固定できないため、接着剤を使用する

流木

従来のテラリウムは、カビの発生を避けるため、基本的に流木は使いませんでしたが、パルダリウムに使用される流木を活用することによって、カビが発生しにくい状態で流木を取り入れることができます。

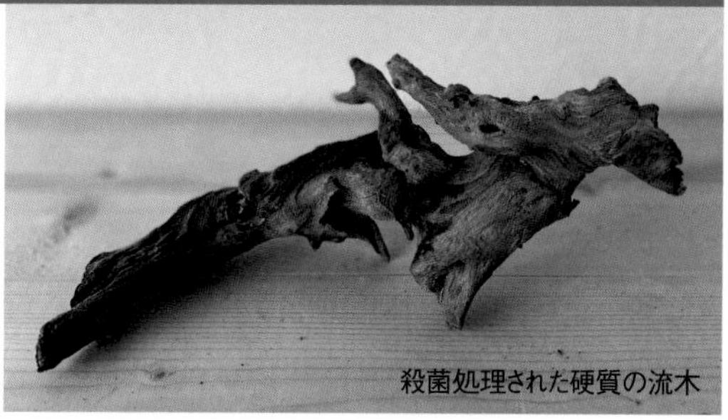
殺菌処理された硬質の流木

フィギュア

■ 作り方のポイント

人や動物などがいる風景を作るときに使用。おもに鉄道模型を使用しています。

人形の足元は、ステンレス製の釘をグルーガンで固定。接着剤も使えますが、固まるまで時間がかかり、また、瞬間接着剤は水分に弱く、時間が経つと外れてしまうこともあります。作業しやすく、劣化しないグルーガンの使用をおすすめします。

下の手順で人形の足をピンにつけたグルーに挿したあと、ピンをくるくる回して固定するのがポイントです。これをしないと、新雪に足を入れたときのように、足と同じ大きさの穴が開いてしまうことになり、抜けやすくなります。くるくる回すことによって、この穴を閉じて物理的に固定ができます。

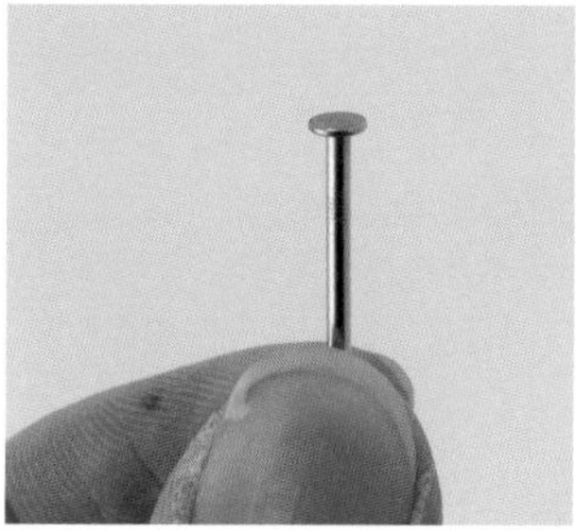
ピンは、長さ20㎜以内でm太さはできるだけ細いステンレス製のもの、皿が平らなものを用意

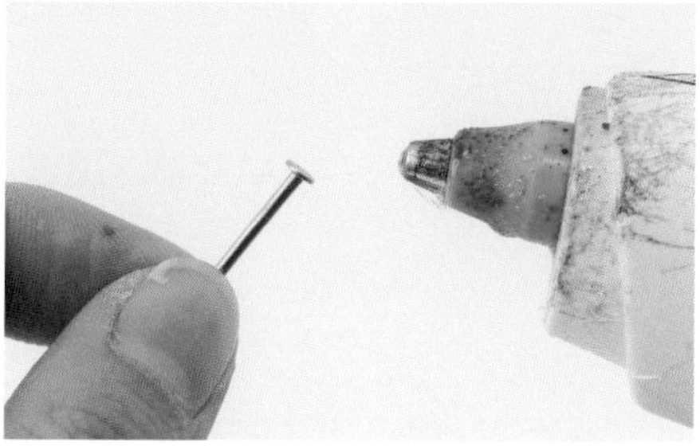
グルーガンは、先が細く、ON/OFFのスイッチがあり、自立するものが使いやすい

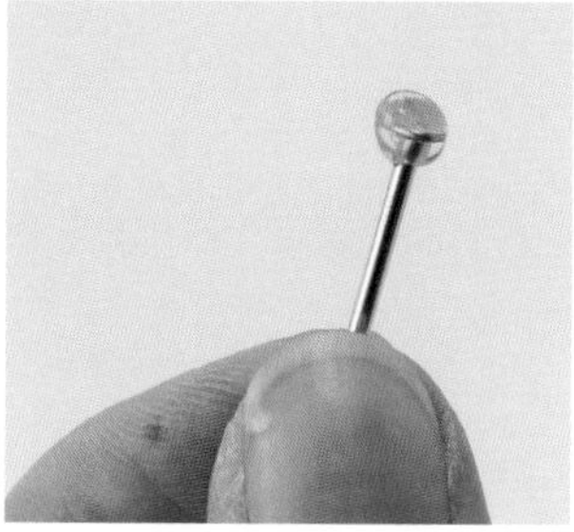
グルーでの固定は接着ではなく、物理的に包み込んで固定するため、ピンの皿を上下に包み込むように、皿の横からグルーをつけ、そこに人形の足を挿す

人形をピンに固定するときは

4本足の動物 ☞

顔が一番目立つため、そこから離れた後ろ足で固定

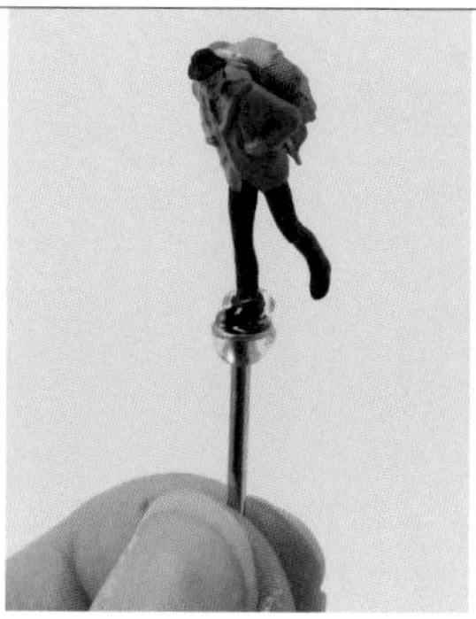

☜ 2本足の人

歩く、走るなどの動きがある人形を固定する場合には、重心が乗っている方の足を固定

テラリウムを作るための道具

家庭にあるような身近なものから、ホームセンターなどで購入が可能なもの、
少し専門的なものまで、あったほうがよい道具を紹介します。

1 水差し

水やりや、作製時に土に水を含ませる際に使用。

2 霧吹き

水やり、ガラス側面の清掃、作製の際、底面に敷いた砂を水圧で動かすなど、さまざまなシーンで使用。ノズル付きのものを用意すると、作業の幅が広がる。

3 ペーパーウエス

ガラス側面の清掃に使用。毛羽が残りにくい<キムワイプ>(日本製紙クレシア)が使いやすい。

4 ロート

口が細いビンに土を入れるときに必要。先が細すぎると土が詰まるので、使用する土に合わせて用意。

5 用土

選び方はP24参照。

6 ボウル

植物を洗ったり、切り取ったくずを入れたり。小ぶりなものが数個あると便利。

7 情景を作る材料

選び方はP30参照。

8 ガラス容器

選び方はP26参照。

9 苔と一緒に植える植物

選び方はP23参照。

10 苔

入手の方法、保管の方法はP90参照。

11 ピンセット

必須の道具。容器の大きさや形によって、ふさわしいものが変わる。次のポイントを押さえたものを数種類用意しておくとよい。

1. 先ができるだけ細いもの……テラリウムで苔を植える場合、何度も抜き差しすることになるため、先が太いと植物を挿すたびに大きな穴が開いてしまう。
2. 先端に滑り止めがついているもの……摘まんで挿すという作業をする場合、先端に滑り止めの溝が切ってあるものの方が作業しやすい。
3. 長いものと軽いもの……大型の容器で作業する場合は、それに合わせた長さのものが必要。30cm程度の長さがあれば、大体のビンに対応可能。長時間作業することもあるので、重さが軽いものがおすすめ。

12 棒

ときどき、上から叩いて用土を慣らすという作業が発生するため、長さ20cm以上の棒があるとスムーズ。

13 スプーン

容器に土や砂を入れるときに使う。土は大さじのようなもの、細かな風景を描く砂は、柄が長く先が細いものが必要。理科の実験用の薬さじが適している。

14 スポイト

容器に水を入れすぎたときや、水分量を調整するときに使う。根のある植物を入れている場合には、土の中の水を入れ替えるために数カ月に1度、大量に水を入れてからすべての余分な水をスポイトで抜くメンテナンスを行うこともある。

15 はさみ

伸びた植物や枯れた部分を切り取るときや、苔の下部についた土を取り除くときに使用。植物を切る作業は繊細なため、先の長いアクアリウム用が便利。苔の下部についた土を取るときは、土の中に小石などがはさまっていることが多く、刃を痛めてしまうので、安価なはさみで。

16 砂

選び方はP30参照。

殺菌剤・殺虫剤

テラリウムの作製では、植物の洗浄、殺菌、殺虫が欠かせません。殺菌剤は<ダコニール>、殺虫剤は<ベニカXファイン>(いずれも住友化学園芸)を使用します。

ただし、アクアテラリウムなどで生体を入れる場合、これらは使用できないので注意!

Live with Terrarium

テラリウムの作り方と育て方

手を動かして、テラリウムを作ってみましょう。
小さな入門編から、雄大なランドスケープが広がる作品まで、
20のテラリウムを紹介します。
また、作ったテラリウムをずっと長く育てるために、
光に関する知識も紹介します。

すべてのテラリウムに共通のルール

1
すべての植物、材料は
洗ってから容器の中へ

容器の中に、菌や菌を増やしてしまう土や有機肥料分を入れないこと。そのため、テラリウム内に入れる植物や材料は、すべて洗浄して使うことが大切です。

苔の下部についている土や、すでに枯れてしまっている部分は、はさみできれいに取り除きます。

植物の根は水道水で洗い流して、できる限り土を落とします。根のある植物はここで根を乾燥させてしまうとダメージになってしまうので、植える準備ができてから根洗いを行った方がよいでしょう。

苔を1本ずつ挿す場合には、ボールに水を入れてピンセットでひとつずつ洗ってから挿すと、美しく仕上がります。

2
地表の高さを
容器の高さの3分の1以下に

容器に用土を入れるときは、完成時の地表の高さが容器全体の3分の1を超えないように注意してください。これを超えると、植物のスペースが狭く息苦しい感じの見た目になります。

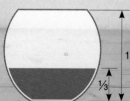

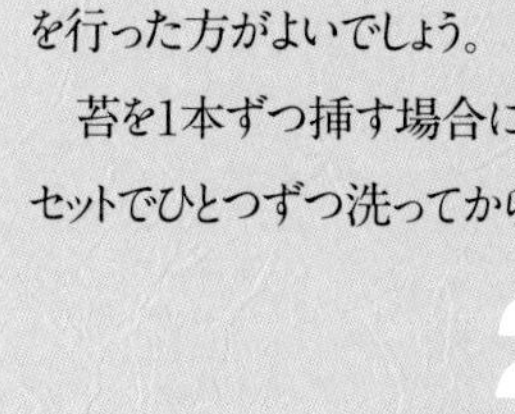

work
01

頂を目指して、渓道を行く

高さ17cm
直径9cm

シンプルな構成でも、さまざまな風景が作れる

苔と石と砂で風景を作るシンプルな構成です。同じ方法で山登りや牧場、森の近くの村など、さまざまな風景が作製できます。また、使用する植物を苔植物だけにすることによって、管理がしやすくなるのも魅力です。

雑貨用のビンは、密閉はされておらずフタの隙間から外気の流入があるため、半開放型のテラリウムになりますが、たとえば常緑樹を植える場合など、フタと本体の間に3カ所ほどシリコンクッションシールを貼って大きな隙間を設ければ、より大きな空気を取り入れることができます。

data

形式：半開放型

容器：雑貨店で購入したポップジャー

植物：①コウヤノマンネングサ

②ヒノキゴケ

③ホソバオキナゴケ

用土：基本の用土

work 01 テラリウム作りの基本の技術を

START！ 土、石、砂を配置

1

容器に用土を入れる。完成時に用土が容器の高さの3分の1に収まるようにすると、バランスがよい。

7

ホソバオキナゴケを1本取り、ついている土や、ベージュ色に変わっている部分はテラリウム内に入れないように取り除く。

8

ピンセットの2本の先端の内側に葉を納めるようにしてホソバオキナゴケをつかむ。

9

ボウルなどに水を溜めて苔を洗う。ピンセットではさんだまま、すすぐようにして。

10

ピンセットの先で土に挿し込み、ピンセットを抜く。苔を置いてくるのでなく、挿し込むイメージで。

［コツ］

ピンセットを抜くときに大きく開くと、まわりの土を押し広げてしまうので、最小限に。それでも苔がピンセットについて上がってきてしまう場合には、割りばしなどで上から軽く押さえるとよい。

11

7〜10を繰り返して、芝生の完成。ガラスの側面と土の間には植えないようにするのが、美しく見せるポイント。慣れてきたら苔を挿す向きと高さを揃えると、より自然な感じに。

12

ヒノキゴケを束ねてブーケを作るため、葉と茎の境目を揃えてまとめる。葉の曲がりを同じ方向に揃えると木がたなびいている風景を、放射状にすると花のような姿を表現できる。

13

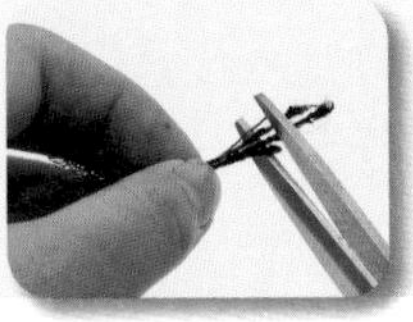

葉と茎の生え際から茎を2㎝ほど残し、長さを揃えてはさみでカット。

18

フィギュアは、ピンセットでピンを固定しているシリコンの部分を持ち、ピンとピンセットが一直線になるように掴んで挿す。

完成 **19**

ティッシュペーパーなどを小さく丸め、ガラスの側面の汚れを拭き取って完成。＜キムワイプ＞など、毛羽が残らないペーパーウエスを使うと便利。

2

石を配置する。作業中や完成時に動いてしまわないように、石を立てて置くときも寝かして置くときも、必ず3分の1以上は土に埋める。

360°どこから見ても風景が見えるように、ガラス側面から少し離して配置する。

三角形をイメージして配置するとバランスが良い。石の角が容器の中央を向くように配置すると、安定感のある作品になる。

石の配置が終わったら、外側に寄ってしまった土をガラス側面から中央に寄せる。

→

3

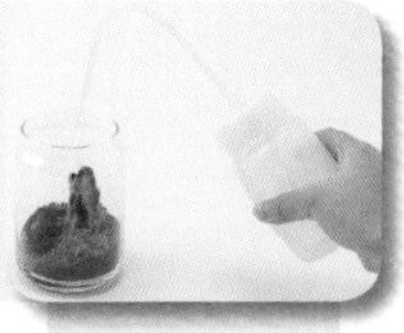

全部の土が水を吸収するまで、水差しを使って水を入れる。

↓

4

斜めに傾けてみて、水があそんでしまっている場合には、スポイトで吸い取る。石が倒れないように注意。

↓

5

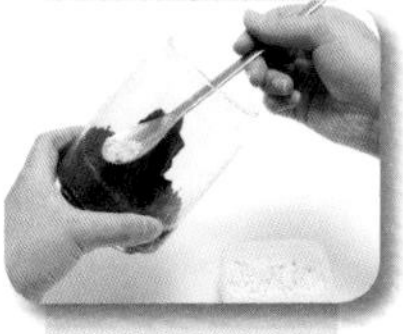

白い砂で川、ベージュの砂で道を表現するために、薬さじなどで少しずつ敷いていく。

［コツ］

砂を美しく敷くには、容器を斜めに持って薬さじを地面に近づけ、ギリギリまで近づけてからビンと薬さじを一緒に立てるようにして砂を落とすと、狙ったところにきれいに敷ける。

↓

6

土、石、砂の作業完了。この段階で、苔を挿すところ、挿さないところを分けてイメージしておくと、後の作業がスムーズに。

← FINISH!

すべてマスター

苔を配置する

14

ブーケの場合も1本の場合と同じく、ピンセットの2本の先端の内側に苔を納めるようにしてつかむ。

→

15

茎の部分が埋まる程度にピンセットで挿し込む。束ねた本数が多いときは、先にピンセットで土に穴を空けておくとよい。ピンセットを抜くときは、**10**と同じ要領で。

↓

16

コウヤノマンネングサを挿す。地下茎の部分は、残してもカットしてしまってもOK。**14～15**と同じ要領で。

←

17

葉先がガラスの側面に付着していると、水が溜まって劣化することがあるので、できるだけ近づかないように配置。

←

work 02

1頭の牛が、牧場で草を食む

data

形式：半開放型

容器：ジャムなどの保存びん

植物：①ホソバオキナゴケ

　　　②ヒノキゴケ

用土：・珪酸塩白土

　　　・玉砂利

　　　・乾燥ミズゴケ

　　　・樹皮培養土

手前に大きな苔、奥に小さな苔で遠近感のある風景を演出

珪酸塩白土→玉砂利→乾燥ミズゴケ→樹皮培養土を積み重ね、そこにホソバオキナゴケを全面に配置して、牧場の芝生を表現。そして、木々を表現するために、ヒノキゴケを使用しています。大きなものを手前に、小さなものを奥に配置を三角形に配置することによって、遠近感を出しています。

容器の高さは8cm。このような小さな容器で作成する場合は、地表の高さがとくに重要です。容器の3分の1の高さに地表がくるようにすると、全体がバランスがよく作製できます。

work
03

高い岩山から、あたりを眺める

高さ10cm
直径8.5cm

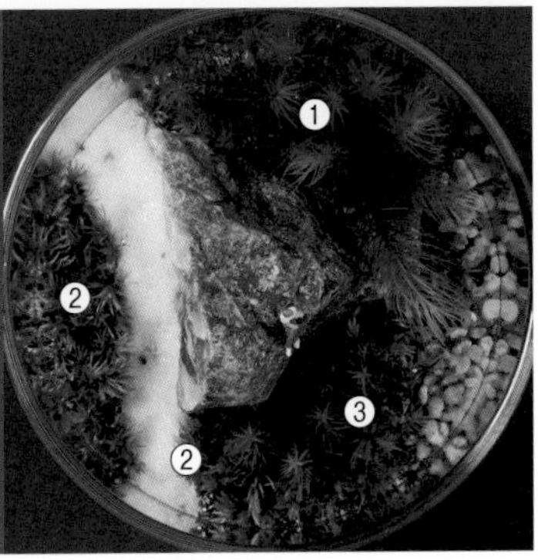

data

形式：半開放型

容器：腰高シャーレ

植物：①ヒノキゴケ
②ホソバオキナゴケ
③スギゴケ

用土：基本の用土

ひとつの小石を中央から外して配置。巨岩に見立てる

アクアリウムで使用される龍王石という石を1個、中央から少し右に軸をずらして配置した作品です。手で持てば小石の域を出ないものでも、作品の中に使用すると目もくらむような高さのある巨岩に見えます。

その裏側に、寒水砂で岩の横を流れる川を表現しました。シャーレのフタにシリコンクッションシールを貼って半開放型にしています。

work

04

熱帯雨林の中を川が流れる

アクアリウム用の水草を使用。
寒水砂で小川を表現

アクアリウムで使用されるクリプトコリネを使用したテラリウムです左右にクリプトコリネを配置して、並べてクッションモスを植えました。中央には寒水砂で小川の流れを表現して熱帯雨林の中に流れる小川を表現しています。

シャーレのフタにシリコンクッションシールを貼って、半開放型にしています。

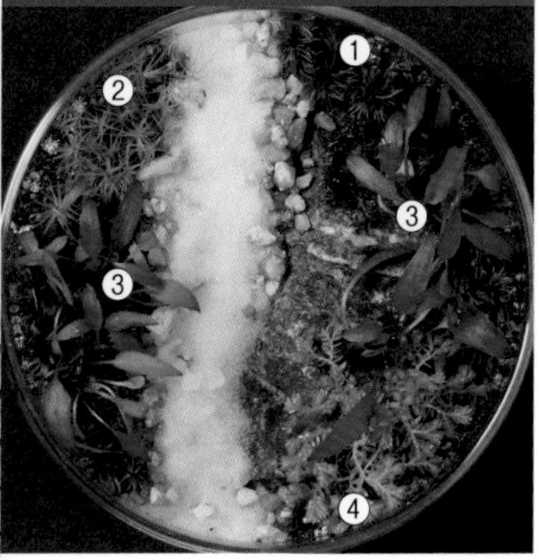

data

形式：半開放型

ビン：腰高シャーレ

植物：①ホソバオキナゴケ

②タマゴケ

③クリプトコリネ

④クッションモス

用土：・パルダリウム用ベース（ジャングルベース）

・パルダリウム用ソイル（ジャングルソイル）

work
05

苔玉から、草木が生える

高さ9cm
直径8.5cm

data
形式：開放型
容器：コップ
植物：①ホソバオキナゴケ
　　　②トキワシノブ
用土：樹皮培養土

用土の高さを抑えることで、開放型でも、水やりの頻度を抑えられる

樹皮培養土を丸く固めて芯を作り、そこにホソバオキナゴケを全面に1本ずつ挿しています。苔玉の上部にはトキワシノブ。盆栽で、植物の根を岩に取り付ける〝岩付〟という技術がありますが、そのように仕立てています。

容器の底面は、樹皮培養土を押し固めて作製。フタのない開放型のため、通常、数日に1回の水やりが必要ですが、深さのあるガラスの囲いの中に入れてしまえば（P6参照）、ひとまわり大きい半開放型と同じ環境となり、水やり頻度を抑えられます。

開放型の場合は乾燥しやすいため、霧吹きで水やりをすると、表面を湿らせるだけになり、ガラス側面についた水が乾くたびにウロコ状の汚れが残るので、水差しを使います。

THE GARDEN

work
06

完全密閉の空間で、水草が生きる

data
形式：密閉型
容器：薬びん
植物：①ホソバオキナゴケ
②アヌビアス・ナナ
用土：・珪酸塩白土
・玉砂利
・乾燥ミズゴケ
・樹皮培養土

植物の種類は限られるが、水やりは半年～1年に1度程度

珪酸塩白土→玉砂利→乾燥ミズゴケ→樹皮培養土で作ったベースの上にホソバオキナゴケを敷き詰め、その中央にアヌビアス・ナナを配置した作品。完全密閉してしまうため、水やりは半年～1年に1度程度でOK。手入れの手間は最少です。

中に入れられる植物は、水草や完全密閉の環境に適応可能な種類の苔植物など。

作製後、1日～2日は水分調整のためにフタを開けて、作製時の余分な水分をとばします。

work
07

ボートから湖畔の大木を見上げる

器の造形を生かした、大木とボートの雄大な風景

ボートで進む2人。湖畔の大きな木を見て、ひとりはオールを漕ぐ手を止め、もうひとりは眼鏡を改める、そんな風景をイメージしています。

インテリア用のデザインされた容器に基本の用土を入れ、観葉植物であるコケモモイタビを植えました。湖面は、ビーチグラスを組み合わせて表現しています。造形が個性的な器の中に、雄大な風景が広がります。

data
形式：半開放型
ビン：ガラスジャー
植物：①コケモモ・イタビ
②ヒノキゴケ
③クッションモス
④ホソバオキナゴケ
用土：基本の用土

work
08

苔むした岩がある、苔深い山を眺める

高さ14.5cm
直径10cm

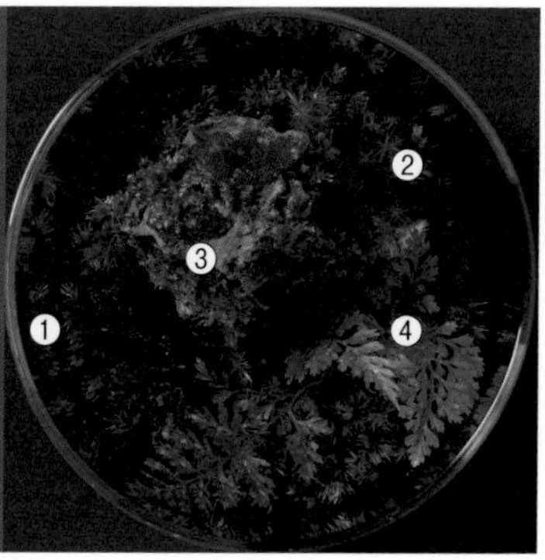

data

形式：半開放型

ビン：ガラスポットMARU

（DOOA ／アクアデザインアマノ製）

植物：①ホソバオキナゴケ

②ヒノキゴケ

③クリスマスモス

④トキワシノブ

用土：・パルダリウム用ベース（ジャングルベース）

・パルダリウム用ソイル（ジャングルソイル）

クリスマスモスを着生させ、苔岩の岩肌を表現

気孔石にアクアリウム用のクリスマスモスを簡易に着生させ、苔むした苔岩を表現しています。トキワシノブを添えることで、苔の森から風景を切り取ってきたような世界観を広げました。

容器はADA製のガラスポットにシリコンクッションシールを貼って、半開放型にしています。

work
09

方丈庭園かのような苔庭を鑑賞する

造形材を活用して、苔を石に活着。季節になれば、花も咲く

　直方体の容器の中に苔庭を作製しました。気孔石の隙間を、使い勝手のよい造形材＜造形君＞で埋め、そこにタマゴケを簡易着生させています（詳細は、P62参照）。

　中央には、春から秋にかけて白い小ぶりな花が開花するハクチョウゲを配置。その横にトキワシノブを添えています。

data

形式：半開放型

容器：食品用保存容器

植物：①ハクチョウゲ
　　　②トキワシノブ
　　　③ホソバオキナゴケ
　　　④ヒノキゴケ
　　　⑤タマゴケ

用土：・パルダリウム用ベース（ジャングルベース）
　　　・パルダリウム用ソイル（ジャングルソイル）

高さ34cm
直径17cm

work
10

サバンナの小川で、2頭のキリンがひと休み

data

形式：半開放型

容器：デザート用コンポートドーム

植物：①シノブゴケ

②コケモモ・イタビ

③トキワシノブ

④ホソバオキナゴケ

用土：・珪酸塩白土

・玉砂利

・乾燥ミズゴケ

・造形材＜造形君＞

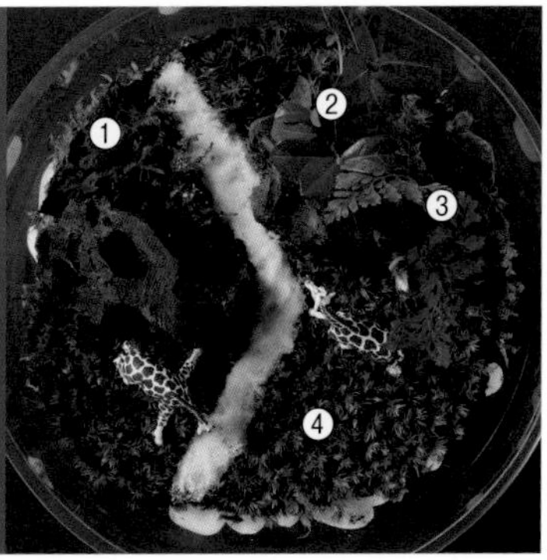

キッチンにある器を活用。造形材を使って、石に苔を固定

サバンナの小川でキリンが休んでいる、そんな風景をデザートを盛合わせるコンポート器に作製しています。スペーサーをはさんで、コンポートドームのフタを3㎝ほど浮かせ、外気の流入するスペースを空けています。

5層構造上部の、通常は樹皮培養土を使う層に＜造形君＞を使用して固定。トキワシノブを気孔石に＜造形君＞で固定しています。小川は寒水砂で表現しました。

work
11

夏の日、人が大きなはさみで草を刈る

高さ19.5cm
直径11.5cm

クッションシールを活用して
フラスコにフタを設ける

　おじさんが大きなはさみを持ってバサバサ草を刈っています、いつ終わることやら。

　フラスコを使用して、《Feel The Garden》らしいと自認できるテラリウム。

　フラスコの上部にクッションシールを貼り、その上に丸い吹きガラスをフタとしてのせています。この構造により外気は流入しますが、フラスコの首の長さがあるため、湿度が保たれ、水やりの頻度は月に1度程度に抑えられます。

フラスコ+ガラスのフタは、管理が簡単でありながら、幅広い植物に対応できる便利な容器です。

data

形式：半開放型

容器：フタつきフラスコ

植物：①クリスマスモス

　　　②ヒノキゴケ

　　　③ホソバオキナゴケ

用土：基本の用土

work 12

岩山の斜面に、草が這い茂る

data

形式：半開放型

容器：食品用ジャー

植物：①ホソバオキナゴケ

②コケモモイタビ

③タマゴケ

④クッションモス

用土：アクアリウム用ベース（ジャングルベース）

アクアリウム用ソイル（ジャングルソイル）

造形材を活用して、
石に苔を着生させ、草を表現

岩山の日が当たる斜面に、草が這い上っているように茂る風景を表現しています。食品保管用のジャーにシリコンクッションシールで外気流入の隙間を空けています。

次のページでこのテラリウムの作り方を紹介しますが、そのなかに、自由な形に造形でき、植物を植えることができる便利な造形材＜造形君＞の使い方があります。岩などに見立てたものに苔を活着させる方法をマスターしてください。

work 12

造形材を
石に苔を

START!

1 容器にアクアリウム用ソイル、アクアリウム用ベースを敷く。地面の高さがビンの3分の1程度になるように調整。

6 テラリウム用植物の土を洗い流す。根が外気に触れる状態で放置しないよう、すぐに作業できない場合には、ティッシュペーパーなどで根を保湿するとよい。

7 ピンセットの先で根の先を持ち、土に植える。一度に挿し込むのは難しいため、少し挿し込んだあとにピンセットをゆるめ、今度は茎を持って同じ角度で挿す。

完成 周囲に苔を挿して完成。

使って、
着生させる技術をマスター

2 造形材＜造形君＞を使いやすい固さになるまで水で湿らせる。水が多すぎたときは、スプーンの背で絞りながら使えばOK。

3 石のくぼみに＜造形君＞を埋め込み、その部分に苔を挿していく。

4 簡易着生した石と、そのほかの石を中央に組む。どの石も、しっかり固定するために3分の1以上が土に埋まるように。

5 石と石の隙間に＜造形君＞を詰めていき、安定させる。

苔のテラリウムに必要な光

苔は、日陰で生育する植物というイメージが強くあります。
しかし、真っ暗な場所では、苔は育つことができません。
苔をテラリウムで育てるには、どのような光が適切なのか、
「植物と光」という原点に立ち返って説明します。

光合成

植物にとって光は不可欠。光がなければ光合成ができない

体が緑色の植物は、光がないと育つことができません。もちろん、苔も同じです。

植物は、二酸化炭素（CO2）に含まれる炭素（C）をもとに、さまざまな有機物を合成して体を作ります。その合成工場となるのが葉緑体で、光をエネルギーとして活用しています。

ただし、植物の中には、葉緑体を持たない腐生植物とよばれる変わった仲間もいます（ギンリョウソウやツチアケビなど）。彼らは光合成をせず、菌類の力を借りて育ちます。ただし、菌類は光合成をする植物から栄養をもらっているので、間接的には光の恩恵にあずかっているといえるかもしれません。

光がないと、植物は生きていくことができないのです。

光とは

電磁波のうち、目に見える領域が光 波長が短いほど、エネルギーが高い

図①のように、私たちが目に見える「光」という概念を持つものは、電磁波の中の一部領域（可視光）です。そして、波というだけあって、振動しています。

図②のように、一度の振動で進む距離を「波長」といいます。波長は短いほど、振動数が多いので、エネルギーが高くなります。また、可視光領域では、振動数の違いが色の違いを生んでいます。

赤色の光より、紫色の方が振動数が多く、植物が受けるエネルギー量も多いのです。

■ 光とは？ 図①

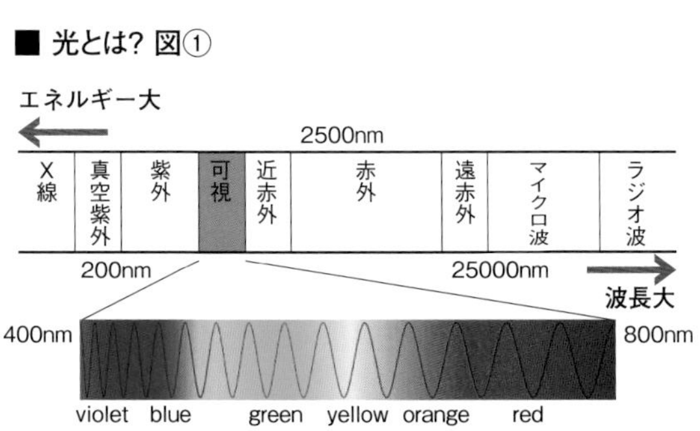

振動数は、「Hz（ヘルツ）」という単位で表されます。たとえば、50Hzは、1秒間に50回振動しているという意味です。

一般に、植物が光合成をする装置である葉緑体に含まれる、光合成色素・クロロフィルに吸収されやすい波長として、480nmや680nmという値が示されます。そのため、植物栽培には青色光と赤色光が求められてきました。

青色光…**波長：435～490nm、振動数：700兆Hz**（およそ）
赤色光…**波長：600～700nm、振動数：450兆Hz**（およそ）

■ **波長とは？ 図②**

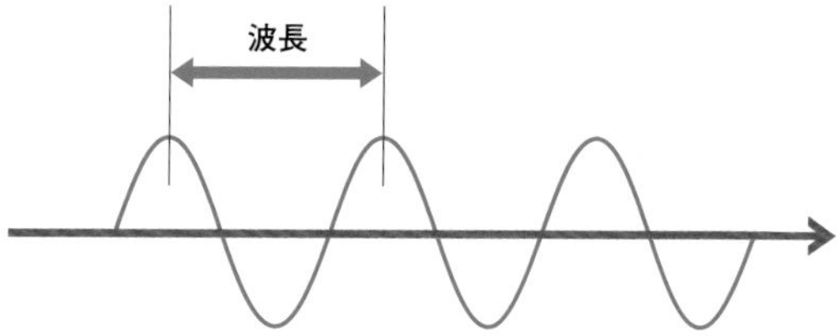

緑色光

従来の定説がくつがえった。青・赤だけでなく、緑色光も有効

少し前まで、緑色光は不要という認識が一般的でしたが、実際に育てた結果をみるとそうとは言えないようです。下の写真を参照してください。赤、緑、青、青赤の波長のみを照射できるLEDライトと、全波長を含むLEDライトで40日間コリウスを育てたときの様子です。

赤のみを照射していた植物は枯れました。そして、「青・赤」をカットした、育たないと考えられている「緑」のみを照射した植物も、成長していることが観察することができました。

緑色光が植物の体でどのように代謝されているのか、その代謝経路は不明のままですが、緑色光活用のメカニズムは徐々に解明されてきています。

その一つは、緑色光はクロロフィルに吸収されにくいからこそ、葉の奥まで届き、内部の海綿状組織により乱反射され、葉の表層に数多く分布しているクロロフィル（上の写真）に何度も当たることで、光合成量が増すというものです。

ユキノシタの葉断面。表層に近い部分に、葉緑体が集中して分布。葉の奥は、スカスカの海綿状組織

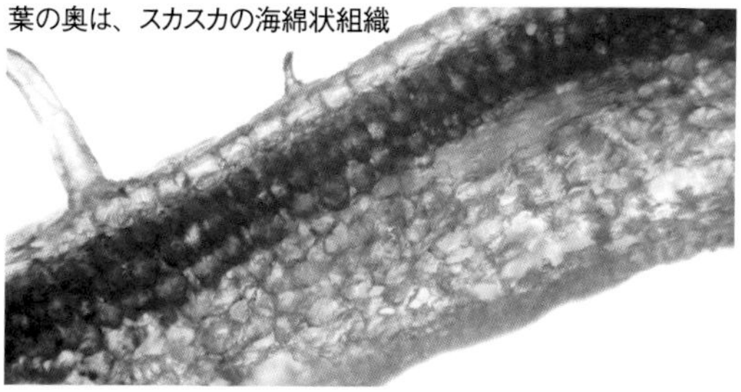

■ **LEDライトによるコリウスの栽培**

（写真①）植え付け直後
（写真②）植え付け40日後

一番右の＜そだつライト＞（P67参照）で生育したコリウスが、もっとも多く脇芽が出て、節の間が詰まった自然な成長をしている

照明

植物を室内で栽培するときの照明は、蛍光灯よりLEDのほうが圧倒的に有利

暮らしの中の照明器具は、ここ数年で一気に蛍光灯からLEDに変わりました。

植物の栽培の場面で両者を評価すると、図③でわかるように、波長バランスでは、蛍光灯よりもLEDのほうが圧倒的に優れています。蛍光灯のよさは光の拡散性くらいで、光の拡散性の改善がされている栽培用照明器具(たとえば、曇り加工されている、光を拡散させるための構造物がついているなど)であれば、電気代が安いという経済的なメリットもあるLEDを選ばない理由はありません。

■ 光源による波長の違い 図③

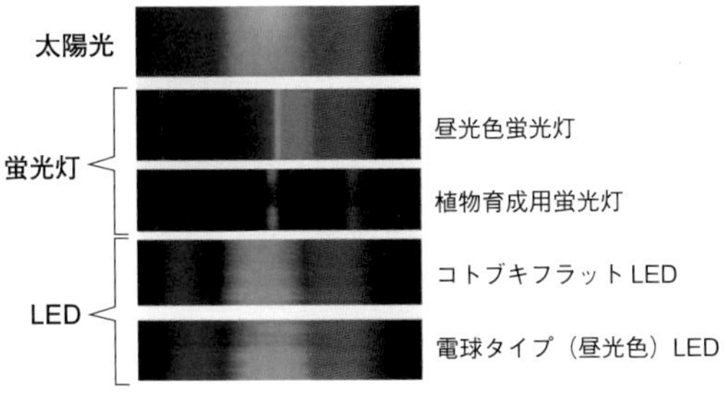

※Foldable Mini-Spectrometer を使用して撮影

苔

光源からもっとも離れた場所で、1000ルクスの明るさが必要

そして、植物に光がどれくらい届いているか？　これは、かなり重要な点です。光は植物にとっての主食ですから、不足すると育ちません。

人間の目は明るさを勝手に瞳で調整するので、私たちが感じる「明るい」「暗い」の感覚はまったくあてになりません。失敗を避けるには、照度計を使うことをおすすめします。テラリウムで育てる苔のような陰性植物であれば、光源からもっとも離れた場所で1000ルクス確保することがが一つの基準になります。

光源から近い部分は、光が強すぎて(図④)、葉焼けを起こすことがあるので、注意してください。

光と植物の生理に関しては、実は分かっているようで、まだまだ謎だらけで、植物の種類によっても反応はさまざまです。

しかし、はっきり言えることは、自然をお手本にするということが、植物を育てる際に重要だということです。自然の光環境を客観的にとらえ、適切な人工照明を積極的に使うことが、よりよい育成のための早道といえます。

陶 武利氏（ピクタ社）による寄稿

■ 光を把握するのに重要な照度計

■ 人工照明と自然光の違いのイメージ 図④

人工照明では、光源に近いほど光が強い

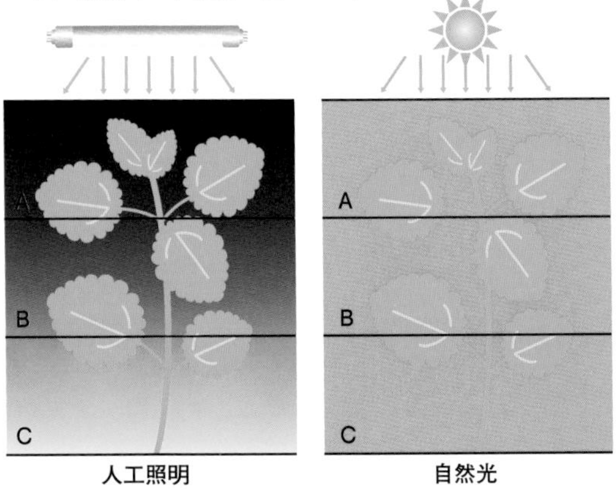

苔のテラリウムに最適な照明器具

テラリウムで苔を安全に育成するためには、
適切な人工照明を使ったほうがよいことを説明しました。
ここでは、信頼できる栽培用の照明器具を紹介します。
器具を選ぶときの参考にしてください。

1 最適な照明器具 そだつライト
GENTOS社

植物の育成に配慮。自然光に限りなく近い光

前述のとおり(→P66)、かつて、植物が好む光は青色・赤色ということが信じられてきました。そのため、青赤を強調したライトなどが売られていますが、テラリウムを観賞するという観点からは不自然で、向いているとは言えません。

緑も光合成に重要なことがわかってきているので、緑も含めた光、つまり、自然の光に近づけるという観点からの照明器具設計が大切といえます。

また、光に照らされたときの、物体の色の見え方を「演色性」といいます。演色性は「Ra(平均演色評価数)」という数値で表すことができ、その値が100に近いほど、本来の自然の色の再現力が高いととらえられています。

＜そだつライト＞は、小型ながら、Raが90と高く、光が拡散される工夫も施されていて、自然光に近く植物を見ることができます。

解説／陶 武利(ピクタ社)

2 最適な照明器具

Mosslight

Mosslight-LED

テラリウム容器にLED照明を装着し、デザイン性を追求

部屋のインテリアと調和。結露を防ぎながら、湿度を保つ

＜Mosslight＞(モスライト)は、テラリウム容器にLED照明器具を装着することで植物の光合成をサポートし、自然の光のあたらない場所でもLEDの光と水だけで苔植物などを育てながら、インテリア照明としても楽しめる製品です。

室内で植物を育てられる場所は、自然光が入る窓際に限定されてしまいますが、LED照明つきテラリウムであれば、自然光が届かない場所でもインテリアに合わせて生育できます。また、調光スイッチで明るさを変えることで、インテリアの雰囲気を壊さない空間を演出できます。

点灯時間は、タイマーを使用して1日8時間の点灯が目安。水やりは霧吹きで1週間に1～2回で管理します。テラリウム容器の内部が結露して見づらくなるのを防ぎながら、湿度を保つ設計になっています。

LED光源が進化。小型化が実現でき、デザイン性の追求が可能に

この数年で、LED光源が進化してランプサイズがコンパクトになり、高照度で演色性が向上し、価格も安価になってきました。LEDは紫外線と赤外線が少ないので照らされた植物のダメージが少なく、ガラス容器の中で植物を育てるためには今のところ最適な光源です。

以前は、蛍光灯や小型HIDが使用されていてテラリウムの容器も大型のモノが主流で、デザイン性が高い

照明器具は開発されませんでした。

＜Mosslight＞のLED光源の仕様は、器具光束500lm(ルーメン)、消費電力7w。電気代は、1日8時間の点灯で年間約500円程度と経済的です。ランプ寿命も4万時間と長く15年程度使用できます。光の色はみずみずしい植物の緑を美しく見せる色温度5000k(ケルビン)を採用し、演色性は太陽光に近いRa85を保っているので、美しく見えます。

また、＜Mosslight＞の電源アダプターは、世界中

■ ホソバオキナゴケの育成

2013年

2016年

2019年

の人々が使用できるようAC100〜240V、50/60Hz兼用。1800年代のイギリスが発祥のテラリウム文化は、海外でも人気が高いためです。

2013年に作製したテラリウムは、光と水だけで7年近く生育しつづけています。朽木を苔が覆いつくすようになってきました。

苔の種類によって、必要な明るさが違う。Mosslightは、4つの明るさが選択可能

自然の中で苔植物が自生している場所を照度計で計ると、家庭のリビングの10倍以上の明るさの下で育っていることがわかります。

苔植物はジメジメした暗いところで育っているように思われがちですが、日なたで育っている苔植物は8万〜10万lx（ルクス）、半日陰で2万〜4万lx、日陰で1000〜8000lxの場所です。右上の図を参考に、育成する苔植物にふさわしい明るさを知っておきましょう。

＜Mosslight＞は、植物の種類や成長や、置く場所に合わせて調光スイッチで4つの明るさが選べるようになっています。通常は50%点灯にし、植物の成長の様子を見ながら調整していきましょう。リビングでくつろいで楽しむときは5%の明るさで雰囲気を保つことをおすすめします。

自然光と違って光源が動かないため、反射光を利用するとよい

また、LED照明つきのテラリウムの光源は、自然光に比べ上下の光の量の差が大きく、また、東から西に動かないため、反射光を利用するなどの工夫が必要です。

■ 日照量から見る苔の種類

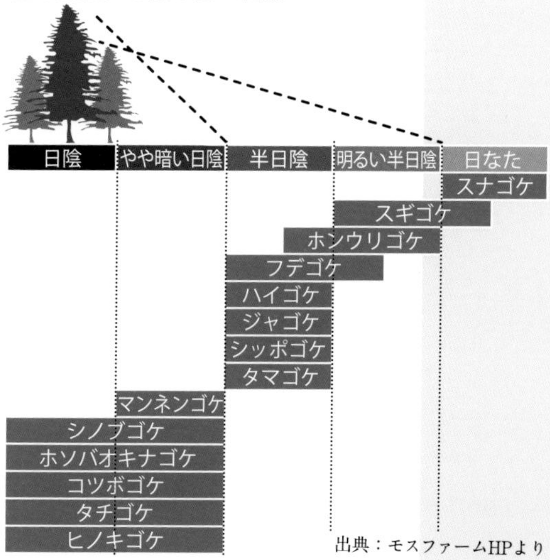

出典：モスファームHPより

＜Mosslight＞で採用しているしずく型のガラスはLEDの光を乱反射させるので最適な形状ですが、光源の近くには日なたで育つ植物をレイアウトする工夫が必要です。

そして、苔植物の緑が濃い場合は明るめに、緑が薄い場合は暗く調整します。また、自然界と同じように発芽や開花させたりする場合は、LED光源では紫外線や赤外線が少ないため、ほかの光源の追加も必要です。

テラリウムの管理で一番重要なのは、直射日光を当てずに必要な明るさを保つこと。直射日光を当てるとテラリウム内の温度が上昇し、植物が蒸された状態になって傷みます。室内が30℃を越える場合は、エアコンを使用し、日中25℃〜28℃の設定をおすすめします。

解説／内野敦明（Mosslight-LED）
テラリウム作家とコラボして作品を販売中。
SNSにてスケジュールの確認とフォローを！（@mosslight1955）

■ Mosslightの4つの明るさ

100%（4000lx）　50%（2000lx）　15%（600lx）　5%（200lx）　消灯

3

最適な照明器具

AMATERASLED

BARRELPLANTLIGHT × kumanomi360

太陽光と同等の パワーや見え方を徹底追求

徒長は、その場所を好まないという 植物の意思表示によって起こる

「植物と暮らす」という新しいライフスタイルが広まってきました。インテリアグリーン、インドアグリーンといわれる分野が急成長している中で、最初に求められるのは「光」です。

植物愛好家の悩みとして多いのは、天候の不安定さからくる日照不足があげられます。光不足が続いた植物は、不十分な光合成で得たエネルギーの大半を光を求めてさまようことに使うことになるため、それが姿に現れます。

一般に言われる徒長ですが、言い換えれば「その場所に居たくない」という植物の意思表示。上に伸びる姿を見て、成長ととらえてしまいがちですが、植物がその場所の光に満足しているときは、上に伸びる必要はないはずです。

植物育成用LEDは、大切な植物が満足する光を与えるために、必須のアイテムといえます。一般家庭向けの植物育成用LEDとして、美しい光を放つのが＜AMATERASLED＞です。

植物から光源が見えていないと 徒長が起こることがわかってきた

徒長に関する最近の研究では、光の強弱よりも、植物から光源が見えているかいないかの影響が大きいことがわかってきました。徒長の最大の原因は、「植物が何かの影になっていると感じている、そう錯覚している」ことなのかもしれません。もちろん、最低限必要な光量（光合成補償点）に足らない明るさ以下であっても、徒長は確認されています。

徒長の問題を解決するのが、ただ明るいだけでなく、植物の育成にも効果を発揮する植物育成用照明です。

なかでも、＜AMATERASLED＞の特徴は、透明な光と、太陽光に迫るパワー。光源では、30万lx、6000PPFD（PPFDは光の量の単位）以上。また、植物が自然に見えるかどうかに重点を置いています。植物が元気に育つと同時に、その姿を自然な状態で美しく鑑賞できるのが＜AMATERASLED＞の光です。

発光チップを1つにすることで、 色かぶり、色ムラを防止

光に照らされたものの見え方・演色性でいえば、太陽光をRa100として、＜AMATERASLED＞はそれに迫るRa97。すべての色が連続性を持って含まれているため、あらゆる葉色の植物を鮮やかに見せます。反射して

いる色の光以外は、なんらかの形で葉に受容されているため、植物にとって不要な色波長はあっても、不足は発生しません。
また、すべての色を含むということは、太陽の自然光に近い、うそ偽りのない色彩で植物を見せられます。

そして、＜AMATERASLED＞の最大の特徴は、1つの発光チップでRa97を実現している点です。

チップが1つだからこそ、影が多くできず、違う色のチップ同士の光が重なってできる色かぶり、色ムラがなくなります。これは、見え方も太陽と同格を目指した結果です。

■ 色の見え方の比較
Ra97の＜AMATERASLED＞（上）と、Ra83の住宅用一般LED照明（下）では、見え方がはっきり違う。とくに、赤色・緑色で差が顕著。

■ 影の美しさの比較
発光チップが1つの＜AMATERASLED＞（上）では、影の色かぶり、色ムラがない。色違いの発光チップが複数あるLED照明（下）と比べ、影が美しい。

植物や生き物の気持ち、共に暮らす人の気持ちになって考える

＜AMATERASLED＞は、発売直後から大きな反響がありました。これは、誰もが「太陽」に対して大きな価値を認めているからにちがいありません。太陽光下と同等の見え方や、太陽光下同等のパワーを目指したLEDは、植物にとってもっとも好ましい人工照明といえます。

＜AMATERASLED＞の研究開発は、植物を栽培する一般家庭の協力を得て行われました。植物や生き物の気持ちになって考える。共に暮らす人の気持ちになって考える。それが、＜AMATERASLED＞の研究開発のポリシーです。

解説／ kumanomi360（自然愛好家、植物愛好家、植物研究家）

パルダリウムには

PALUDA LIGHT 30/60

アクアデザインアマノ

熱帯雨林植物特有の美しさを鑑賞できる光の構成

おもに熱帯雨林植物を育成するための水槽システムパルダ30/60用に開発されたRGBタイプの照明器具。光質を決定するR（赤）、G（緑）、B（青）のバランス比は水草育成用とはまったく異なり、熱帯雨林植物特有の青く輝く葉や色鮮やかな小型原種ランの花などが美しく観賞できるようにメーカー独自のRGB構成となっている（照度は、10cm直下で約15,000lx）。一般的な横幅30cm、60cm水槽などにも対応。

■ 水草育成用ライトとの見え方の違い

パルダライト60

水草育成用ライト

work
13

野原の中央に樹木が伸びる

ふさわしい量の光を浴びて、苔が日々成長していく

照明と器が一体となった＜MossLight＞を使用したテラリウム。中央にハクチョウゲを配置しています。

この容器の中で苔は日々成長し、木は枝葉を伸ばし花を咲かせます。成長した苔は、3カ所に配置した石を覆い隠すような勢いです。

data

形式：半開放型

容器：MossLight

植物：①ホソバオキナゴケ
　　　②ハクチョウゲ

用土：アクアリウム用ベース（ジャングルベース）
　　　アクアリウム用ソイル（ジャングルソイル）

高さ20cm
幅20cm

work
14

ひとりの旅人が、果てしなく続く道を歩く

ランドスケープテラリウムの技法で旅人が行く道と険しい風景を創造

歩き続ける旅人の風景です。どこまでも道は続きます。ADA製の＜水槽ネオグラスエア＞20×20×20を使用した作品。ガラスフタの隙間を調整することで、密閉度の強弱が調整できます。

《Feel The Garden》では、テラリウムの中に風景を作る作風を「ランドスケープテラリウム」とよび、その技術を追究。石を接着剤で組み合わせてアーチを築き、その接着箇所を造形材＜造形君＞で埋めています。

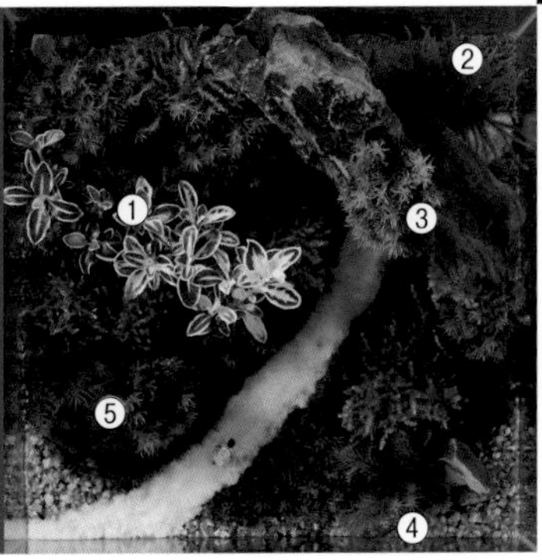

data

形式：半開放型

容器：ネオグラスエア20×20×20フタつき

植物：①ハクチョウゲ
②コウヤノマンネングサ
③クリスマスモス
④ヒノキゴケ
⑤ホソバオキナゴケ

用土：アクアリウム用ベース（ジャングルベース）
アクアリウム用ソイル（ジャングルソイル）

work 15

深い森にのみこまれた古代の遺跡を歩く

data

形式：半開放型

容器：ネオグラスエア20×20×20フタつき

植物：①タマシダ

②コウヤノマンネングサ

③クリスマスモス

④タマシダ

⑤ホソバオキナゴケ

⑥ヒノキゴケ

⑦ハクチョウゲ

用土：アクアリウム用ベース(ジャングルベース)

アクアリウム用ソイル(ジャングルソイル)

高低差のある風景を作り出すため、石垣を築いて、土を積み上げる

森にのみこまれる遺跡を歩く風景。レンガを細かく砕いて組み合わせ、遺跡の壁や石畳の道を表現しています。レンガの隙間に<造形君>をはさんで固定し、そこにタマゴケを挿しています。

高低差を出すために石垣を作り、奥に土を積み上げました。「work 14 」同様、ADA製の水槽ネオグラスエア20×20×20を使用したテラリウム。ガラスのフタの隙間を調整することで密閉度の強弱を調整できます。

data
形式：半開放型
容器：ネオグラスエア15×15×25フタつき
（ADA製）
植物：①ディネマポリブルボン
②クリスマスモス
③シペルス・ヘルフェリー
④オーストラリアン・ドワーフヒドロコティレ
⑤クリプトコリネ・アクセルロディ
⑥ニューラージパールグラス
用土：アクアリウム用ベース
（ジャングルベース）
アクアリウム用ソイル
（ジャングルソイル）

work
16

熱帯のジャングルに足を踏み入れる

高さ25cm
幅15cm

ホーンウッドに苔を固定し、その上にランを着生

ラン、水草、苔を流木に固定して作成したパルダリウムです。流木はホーンウッドを使用。流木に苔を貼りつけて糸で巻きつけ固定し、その上からランを着生させます。

ランと水草が中心のパルダリウムですが、テラリウムの技術も多分に応用できます。アクアリウムの技術とテラリウムの技術の融合点がパルダリウムといえるでしょう。

work
17

石に腰かけ、2人の孫に昔話を聞かせる

ヒノキゴケを別のテラリウムで栽培。成長後、仕立て直して使用

石を中央に組んで小山を作り、その頂上に木を植えました。石に腰かけたおじいさんが孫たちに何か昔話をしています。

容器のフタの隙間にシリコンクッションシールを貼り、隙間を空けています。

ヒノキゴケは、密閉度の高い別のテラリウムで長期間育成の結果、徒長してしまったものですが、その雰囲気を活かして仕立て直して使用しています。

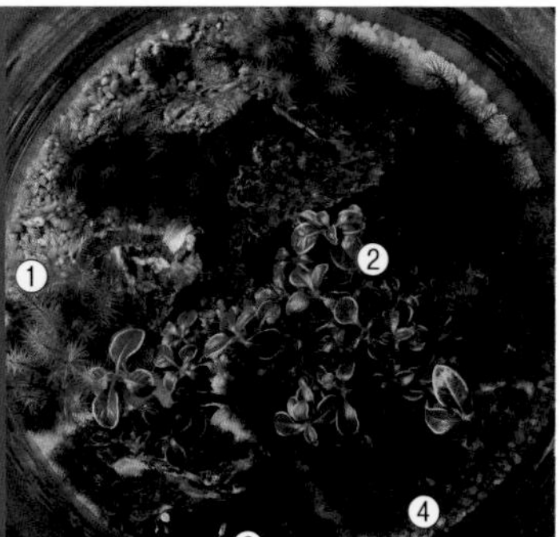

data

形式：半開放型

容器：古道具屋で見つけた梅酒用のびん

植物：①ヒノキゴケ
②ハクチョウゲ
③ホソバオキナゴケ
④タマゴケ

用土：アクアリウム用ベース（ジャングルベース）
アクアリウム用ソイル（ジャングルソイル）

work
18

滝が落ちる渓流に、馬が佇む

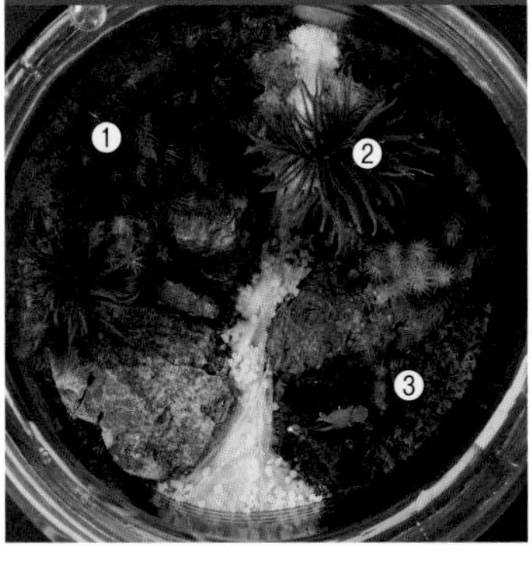

グルーガンのグルーを固めて 滝という大きな水の流れを表現

グルーガンのシリコンを伸ばして水の流れを表現しています。方法は、ステンレスのトレーにグルーガンで直線にグルーを引いて固めます。それを白い寒水砂を配置した上へ1本ずつ配置し、滝から続く渓流を作りました。

data

形式：半開放型
ビン：食品用ジャー
植物：①ヒノキゴケ
②コウヤノマンネングサ
③ホソバオキナゴケ
用土：・珪酸塩白土
・玉砂利
・乾燥ミズゴケ
・樹皮培養土

work 19

野生の動物を逃れて、荒涼とした岩山を駆け上がる

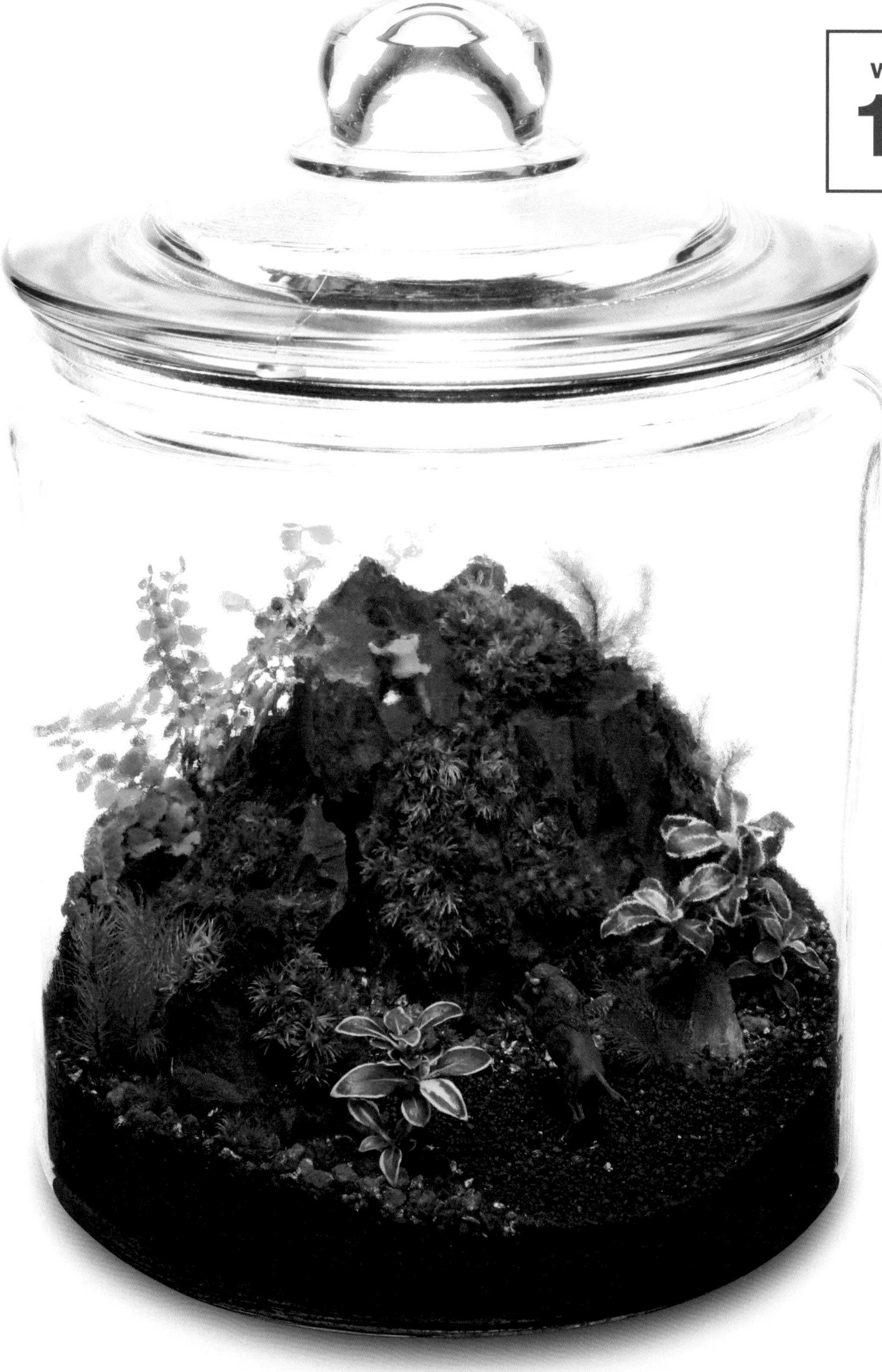

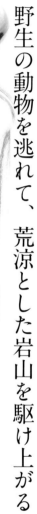

造形材を活用して石を組み、
石に苔を着生させて荒野の表情を

石を組み、赤茶色に樹皮培養土によって色味を添えることで荒野の風景を表現しています。石の間に造形材＜造形君＞を使用して、石と石を固定。石には、同じく＜造形君＞ホソバオキナゴケを簡易着生させて、自然の風景を表現しています。

大自然のなかでは、うっかりしていると、動物から追われることもあるかもしれん。

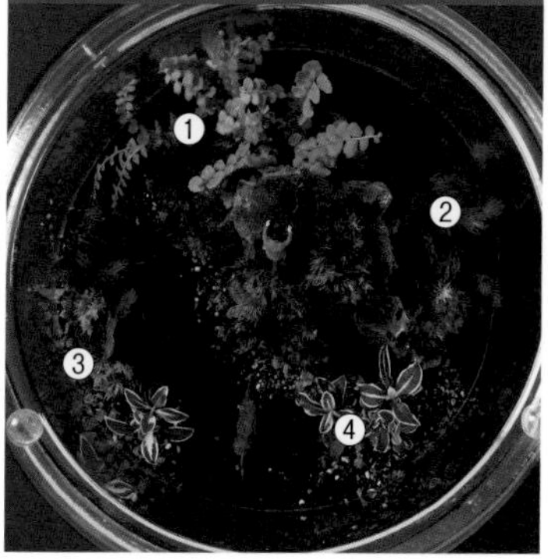

data
形式：半開放型
容器：食品用ジャー
植物：①タマシダ
②ヒノキゴケ
③ホソバオキナゴケ
④ハクチョウゲ
用土：基本の用土

work
20

岩山から流れる川が凍り、ペンギンが登場

苔盆栽にガラス容器をかぶせて、テラリウムとして簡単に管理

コップに土を入れて苔盆栽を仕立て、それにガラス容器をかぶせることによって、テラリウムとして管理ができるようにしています。

この方法だと、使用されている苔の種類にもよりますが、園芸店などで苔盆栽を入手し、テラリウムのメリットを生かして簡単に苔の生育を楽しめます。水やりは、霧吹きよりも水差しを使ったほうがよく、下の用土にしみ込ませるまで入れるのがコツです。

data
形式：開放型・半開放型
容器：コップ
植物：①タチゴケ
　　　②スギゴケ
　　　③スナゴケ
用土：基本の用土

Caring for a Terrarium

テラリウムの管理の方法

愛する苔のテラリウムをずっと長く楽しむために、
日々の管理の方法を紹介します。

置き場所

苔のテラリウムは、一日をとおして直射日光が当たらない場所に置くことがもっとも大切なポイントです。直射日光が当たると、容器内が熱くなって枯れてしまいます。

ただし、苔が好む明るさは、種類によって異なります。右の解説を参考にしてください。

また、高温の室内に長期間置くと、苔が弱ってしまいます。気温の高い季節に長時間外出するときは、水を張ったボールにつけておくとダメージを抑えられます。反対に、低温には強いですが、5℃以下になる部屋に置かないようにしてください。

苔の種類によって変わる置き場所

■ 明るい場所を好む苔

スギゴケ、ギンゴケなど
→長時間明るい、東南の室内に置く。

■ 半日陰を好む苔

ホソバオキナゴケ、ツヤゴケなど
→比較的明るい室内、午前中だけ明るい室内に置く。

■ 日陰を好む苔

ヒノキゴケ、タマゴケ、シノブコケなど
→北側の部屋、窓から遠い場所などに置く。

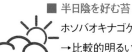

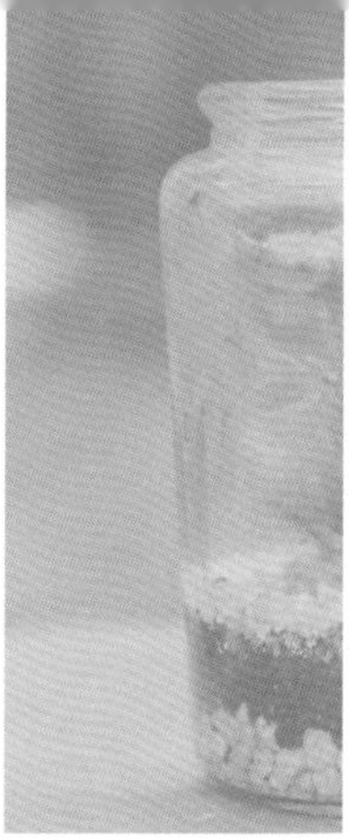

肥料

苔は、光合成によって苔は生育に必要なエネルギーをみずから作ります。使用可能な肥料もありますが、基本は水だけで育てます。

容器のフタ

■ 密閉型の場合

苔は空気中の湿度を好みます。フタを開けると湿度が下がり、乾きが早くなるので、水やりやメンテナンスに必要な場合以外は、フタは閉めたまま育てます。

容器の中の水蒸気が多くなりすぎて、用土が吸収しきれずに表面に水が見えてきた場合は、スポイトで抜き、容器の内側についた水分を拭き取って、水分調節をしてください。

■ 半開放型の場合

外気の流入のある半開放型でも、密閉度が高い容器を使用している場合には結露しやすくなってしまいます。その際には少し隙間を広げる工夫をするか、適宜の換気を行うことで苔が細長く徒長するような変形を予防することができます。

水やり

根を持たない植物である苔は、葉から水を吸収して成長します。霧吹きで苔全体にかかるように水を与えましょう。ただし、必要以上に水を多く与えると、容器内の湿度が高くなりすぎ生育不良を起こすので、全体が湿る程度を目安にします。

容器の内側に水滴が見られなくなったときが水やりのタイミングですが、およそ次のような間隔です。

密閉型　半年～1年に1度
半開放型 2～4週間に1度
開放型　苔の種類によっては、毎日～

メンテナンス

■ 苔が大きくなりすぎたときは

ヒノキゴケなどのように、縦に成長する苔が大きくなり全体のバランスが悪くなってきたら、はさみで切り取りましょう。切り取った苔を土に植えると、成長を続けることもあります。

■ カビが発生してしまった場合は

テラリウムを作製するときに、苔などの材料の清浄が不十分だった場合などに、カビが発生することがあります。その場合には、霧吹きでカビを洗い流すか、カビが発生してしまった部分を切り取ります。

The Moss for a Terrarium

テラリウムに向いている苔

国内では1,700種類の苔が生育していますが、
なかでも入手しやすく、テラリウムに使いやすい種類を紹介します。

■ 容器の種類

密閉型の容器　半開放型の容器　開放型の容器

■ 記号の意味

○	×	△
栽培に向いている	栽培に向かない	条件によっては栽培できる

■ 写真提供（P92〜93も）

モスファーム

苔の販売専門店。静岡県富士山の麓でさまざまな苔を育て、全国へ発送している苔通販の国内最大手。テラリウムに使える幅広い種類の苔を取り扱っている。特殊な製法で生産された、茶色く変色しにくい個体のウマスギゴケを『富士山みやび苔』という商品名でブランド商品として販売。

https://www.mossfarm.jp/

ホソバオキナゴケ

密閉型 △　半開放型 ○　開放型 ○

テラリウムでは、芝生の表現などに使われる。自生地ではスギの根元などで目にすることが多い。上に上に新しい体が生えるように伸びるので、テラリウムで使用するときには、劣化や菌の混入を防ぐために上部の緑色の部分のみ使用。形態の変化は多少あるが、密閉した環境にも耐えられる。

ヒノキゴケ

密閉型 ○　半開放型 ○　開放型 ×

ヒノキの実生の苗木にカタチが似ているため、この名前でよばれる。密閉型の容器に入れて手間なく管理しても形態の変化が小さい。湿度を保てる環境では、たいへん安定して育成できるため、苔テラリウム入門に向いている。葉が密に生えるため、葉の間に砂などがはさまりやすく、風景を作る際には注意が必要。

タマゴケ

密閉型 △　半開放型 ○　開放型 ○

「蒴」(さく)が玉の形をしていることが名前の由来。密閉型から開放型まで幅広く使えるが、容器を密閉をすると縦に伸びやすくなり、剪定が必要。開放型では湿度を保つためにできるだけ密集させて植えた方が育てやすい。夏に調子を崩すことが多いため、室温は人が快適に過ごせる程度に保つことが理想。

スギゴケ

密閉型 ×　半開放型 ○　開放型 ○

苔庭でよく使用される種類として販売されていることも多い。テラリウムでは、密閉型で使用すると縦に伸びやすく葉が枯れるので不向き。開放型、半開放型で明るい環境に置くと、美しく育ちやすい。

タチゴケ

密閉型 ×　半開放型 ○　開放型 ○

スギゴケの仲間。テラリウムでは、密閉型で使用すると縦に伸びやすく不向き。開放型であればスギゴケ、半開放型であればヒノキゴケなどと合わせて小型の木に見立てて配置すると、作品に奥行きが出る。

コウヤノマンネングサ

密閉型 △　半開放型 ○　開放型 ×

国内で入手できる苔の中では、もっとも大きくなる種類。一般的なイメージの苔には見えない形状から、名前に「草」がつく。乾燥に弱く、葉先が傷みやすいため、開放型では管理が難しい。反対に、湿度が100%となる密閉型では新芽の葉が開かないため、半開放型のテラリウムのみ育成に向く。竹の子のように地下茎を地中に伸ばして新芽を出す。テラリウム内では思いもしない場所から新芽が出てくることも。

スナゴケ

密閉型 ×　半開放型 ○　開放型 ○

乾燥状態から水を含ませると短時間で回復し、美しい星型の葉を広げる。苔庭でよく使用される種類として販売されているものを目にする機会も多い。日なたに生える苔で、健康に育てるには強い光が必要なため、密閉型では生育不可。植えるときは、下部の古い体の部分はすべて切り取り、小分けにする。

ハイゴケ

密閉型 ×　半開放型 △　開放型 ○

苔玉などに使用される種類。日なたに置いて乾燥させても美しさを保つが、湿度の高い環境に置くと縦に伸びるため、密閉型では生育不可、美しく育てるためには明るさが必要なので、開放型で育てるのがよい。

コツボゴケ

密閉型 ×　半開放型 ○　開放型 △

キラキラとした葉が美しい種類。乾燥させると縮れてしまうので、開放型では水切れに注意が必要。植えるときには、まとまっている状態からほぐして1本ずつ分ける。

ツヤゴケ

密閉型 ×　半開放型 ○　開放型 ○

葉全体にツヤ・光沢のあることが名前の由来。横に這うように広がります。密閉型では、横に広がらずに縦に伸びてしまうので、生育不可。半開放型でジャングルの奥地のような雰囲気を作るときに、上からしだれさせて使用する。

シノブゴケ

密閉型 ×　半開放型 ○　開放型 △

シダ植物のような葉のキメ細かさが魅力の種類。横に這うように広がります。密閉型では横に広がらずに縦に伸びてしまうので、生育不可。半開放型で密集して植えると美しい。購入したときは、乾燥して休眠状態に入っているものもあるので、使用する前に洗浄後1日水に漬けておくとよい。植えるときには、まとまっている状態からほぐして1本ずつ分ける。開放型では水切れすると葉が茶色くなりやすいため、注意が必要。

フデゴケ

密閉型 ×　半開放型 ○　開放型 ○

小型で濃い緑が美しい種類、日向に向く性質で美しく育てる為には光量が必要な為密閉型での生育は不可。テラリウム内では小動物が出てくるような林の風景を作る場合等に使用。

シッポゴケ

密閉型 ×　半開放型 ○　開放型 △

ウェーブのかかった葉により、美しく幻想的な風景を作ることができる種類。縦に伸びてしまうため、密閉型での育成は不可。開放型では、容器の中でも乾燥しにくい場所に植えれば育成可能。

How to Manage Moss
買った苔の使い方 & 保管方法

買った苔は、そのままテラリウムに使ってOK？
使い切れなかった苔はどうする?　苔の扱い方を紹介します。

庭園用に売られていた苔は、下処理をしてから保管する

テラリウムに使用する植物は、おもに苔テラリウムを取り扱うWEBショップ、アクアリウムショップ、ホームセンター、大型園芸店で買うことができます。

購入するときに注意したいのは、その苔が庭園用に売られているのか、テラリウム用に売られているのか、用途を確かめること。

庭園用として販売されている苔は、低価格で多くの量が買えますが、テラリウムに使用するには、次に紹介する方法で洗浄・殺菌・殺虫の下処理を行う必要があります。一方、テラリウム用は少量ずつの販売ですが、下処理済みなので、そのまま使えます。

保管の方法は、どちらも同じです。

劣化を見分けるのは、色や臭いで。劣化してしまった苔は使わない

劣化している苔は、色や臭いで判断出来ます。腐敗臭がする場合には分かりやすいのですが、磯臭い臭いがする場合も劣化の証拠です。苔の細胞がダメージを受けている状態だと考えられます。乾燥状態が長すぎた場合や、直射日光に当ててしまった場合に発生し、見た目は鮮やかな緑色に見えたとしても、水をかけると磯の臭いがして活性状態に戻りません。

劣化に気づかずテラリウムに使用すると、一緒に植えた植物も共倒れになることがあるので注意してください。

乾燥に弱い苔

■ 下処理の方法

乾燥した状態が長期間続くと劣化し、次に水分を含んだ際に元気な状態に戻らないことがあるので、水分を含ませてから保管します。

①土をはさみで切り取る。

②表面のごみを取り除く（ヒノキゴケやコウヤノマンネングサのように個体の大きい苔は、ひとつずつ分離するとよい）。

③流水で洗う。

④水けを切る（野菜サラダ用のスピナーがあると便利）。

ヒノキゴケ

ホソバオキナゴケ

ハイゴケ

■ 保管の方法

空気穴を数カ所開けた食品保存容器（タッパーなど）で保管します。穴を開けずに完全に密閉すると、種類によってはヒョロヒョロに伸びたり、本来の形状でなくなってしまうことがあります。

保存容器内に溜まった水が劣化するので、1週間に1度程度は洗い流しましょう。

ただし、まれに容器内で菌が繁殖してしまうこともあり、その場合は容器内の苔が全滅しますから、いくつかに小分けをして保管することをおすすめします。

また、できれば、上部から植物育成用LEDライトを照射します。

コウヤノマンネングサ

乾燥に強い苔

■ 下処理と保管の方法

ホソバオキナゴケ、ハイゴケ、スナゴケなど、乾燥に強い種類は、活性状態で保管するよりも完全に乾かしてしまった方が安定的に保管できます。

湿度が低い、半日陰の室内に広げて乾かしましょう。乾かした苔は、食品の乾物を保管するようにして、湿度の低い暗所に置きます。長期間保管可能です。

■ 使い方

テラリウムに使うときは、使う分だけを適当な容器に入れて水でよく洗い、そのまま丸1日漬けて、完全に活性状態になるまで戻してください。中途半端に使うと、テラリウム内で菌に負けてしまいます。

構成　駒崎さかえ（FPI）
ブックデザイン　大塚千春（CO2）
撮影　天野憲仁（日本文芸社）
編集協力　青山一子
イラスト　坂本 茜
《Feel The Garden》スタッフ
神田歩夏　中村美緒
撮影協力　garage YOKOHAMA
神奈川県横浜市金沢区白帆5-2 三井アウトレットパーク横浜
TEL: 045-370-8793
http://www.garage-garden.com/

光《ひかり》と苔《こけ》のテラリウム

2020年7月10日　第1刷発行

編　者　川本 毅
発行者　吉田 芳史
印刷所　株式会社 廣済堂
製本所　株式会社 廣済堂
発行所　株式会社 日本文芸社
〒135-0001 東京都江東区毛利2-10-18 OCMビル
TEL: 03-5638-1660（代表）
Printed in Japan　112200624-112200624 Ⓝ01（080012）
ISBN978-4-537-21813-8
URL https://www.nihonbungeisha.co.jp/

編集担当　牧野

川本　毅　（かわもと　つよし）

1982年東京生まれ。苔のテラリウムを中心としたインテリアグリーンの作成・販売を行うFeel The Garden代表。盆栽に使われている苔をインテリアグリーンとすることを目指し2013年から苔のテラリウムの作成を独学で開始、2015年Feel The Gardenとして事業を立ち上げる。現在苔のテラリウムワークショップを累計5,000名様以上に開催。
第19回国際バラとガーデニングショー（2017年5月12日～17日／主催：毎日新聞社・NHK　スポーツニッポン新聞社／来場者数約18万人）に苔のテラリウム講師として招待される。
《Feel The Garden》
https://www.feelthegarden.com/

■参考文献

秋山弘之著『苔の話』中央公論新社

藤井久子著・秋山弘之監修
『知りたい会いたい　特徴がよくわかるコケ図鑑』
家の光協会